STORI ANN GRIFFITHS

Nansi Dolwar

Ann Gruffydd Rhys

Gwasg Bryntirion

2000471320

NEATH PORT TALBOT LIBRARIES

Dyn tlawd oedd Ifan, mor dlawd fel na fedrai godi tŷ iddo'i hun. Roedd wedi dechrau adeiladu bwthyn, ond ni fedrai ei gwblhau.

Daeth ei gymydog Siôn Ifan Thomas heibio gyda'i ferch fach 10 oed. Wrth weld y tŷ ar ei hanner, gwnaeth Siôn Ifan bennill ar ffurf englyn. Roedd yr hen Ifan, meddai, yn rhy wan i fedru gwneud y gwaith adeiladu.

Gwrandawodd ei ferch ar yr englyn. Yna penderfynodd herio ei thad – beth am iddo helpu Ifan dlawd i godi ei dŷ, a hynny heb ddisgwyl cael ei dalu'n ôl? Meddyliodd am ychydig, yna dywedodd:

> Os gwan ac egwan yw'r gŵr – heb feddu
> Fawr foddion o gryfdwr,
> Gwnewch adeilad sad yn siŵr
> I dda deulu – rhowch Dduw'n dalwr!

Ar ôl cael her fel hyn i helpu'r dyn druan, aeth ei thad ati i gludo coed ac offer o'i fferm ei hun, a gorffen adeiladu'r tŷ i Ifan a'i deulu – diolch i glyfrwch ei ferch gyda geiriau.

Enw'r ferch fach oedd Ann, ond fel Nansi y byddai pawb yn ei hadnabod. Roedd hi'n byw gyda'i thad a'i mam, ei dau frawd a'i dwy chwaer ar fferm Dolwar Fach ym mhlwyf Llanfihangel-yng-Ngwynfa yn yr hen Sir Drefaldwyn, Powys heddiw. Roedd Siôn Ifan wedi gofalu bod ei blant i gyd yn cael ychydig o ysgol ac felly, yn wahanol i lawer o blant oedd yn 10 oed yn 1786, medrai Nansi ddarllen ac ysgrifennu. Roedd hi hefyd yn gallu barddoni.

Nansi oedd arian byw y teulu, ac roedd yn chwim ei meddwl a ffraeth ei thafod. Erbyn 1794 roedd ei mam wedi marw a'i gadael hi, yn 18 oed, yn feistres y tŷ. Ar ôl gorffen ei gwaith byddai'n dyheu am gael mynd allan i gyfarfod â'i ffrindiau, felly i ffwrdd â hi am y ffair. Ac er bod ganddi lond ei basged o wyau i'w gwerthu, roedd ei phen yn llawn o rywbeth arall –

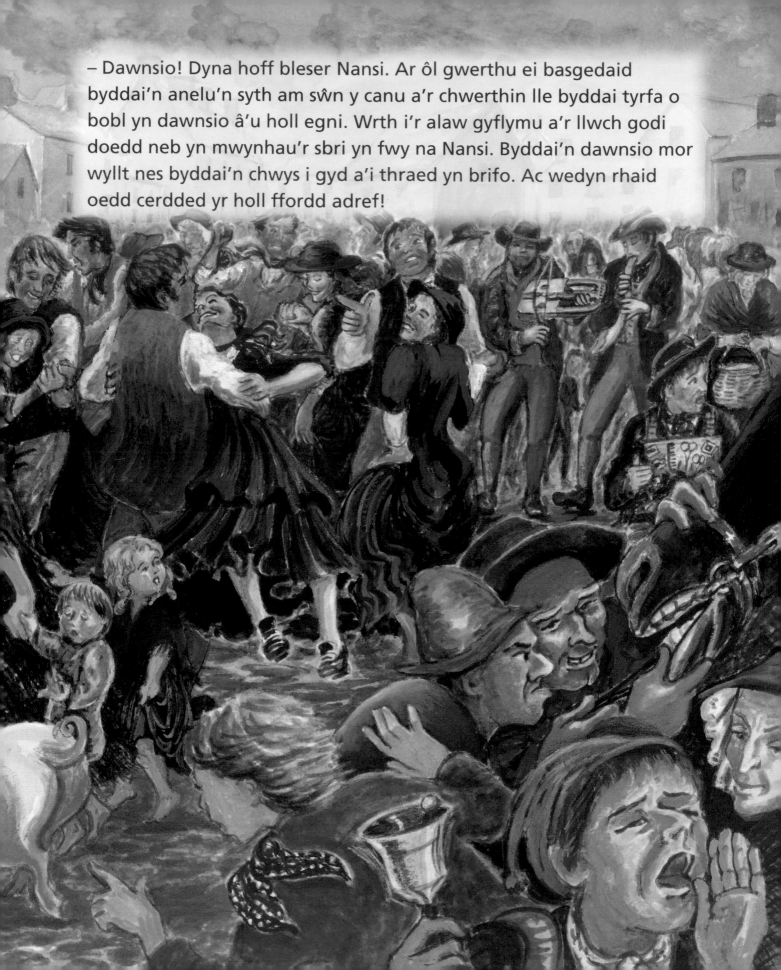

– Dawnsio! Dyna hoff bleser Nansi. Ar ôl gwerthu ei basgedaid byddai'n anelu'n syth am sŵn y canu a'r chwerthin lle byddai tyrfa o bobl yn dawnsio â'u holl egni. Wrth i'r alaw gyflymu a'r llwch godi doedd neb yn mwynhau'r sbri yn fwy na Nansi. Byddai'n dawnsio mor wyllt nes byddai'n chwys i gyd a'i thraed yn brifo. Ac wedyn rhaid oedd cerdded yr holl ffordd adref!

Nid mewn ffair yn unig y câi Nansi gyfle i ddawnsio. Gefn gaeaf a'r nos yn hir arferai pobl y wlad gynnal noson lawen ar yr aelwyd. Deuai'r cymdogion at ei gilydd o bell ac agos i hel straeon a chwarae cardiau, canu a dawnsio, gan droi am adref yn oriau mân y bore. Roedd Nansi wrth ei bodd ar nosweithiau fel hyn.

Ar fore Sul cerddai teulu Dolwar Fach i'r eglwys yn Llanfihangel-yng-Ngwynfa. Ond ar ddiwedd y gwasanaeth, cyn gynted ag y dywedai'r Person yr 'Amen' olaf, byddai siarad mawr a thynnu coes a chwerthin wrth i'r bobl ddechrau ar bob math o firi a rhialtwch. Byddai rhai yn cicio pêl pledren mochyn, eraill yn dawnsio ac yfed, a rhai yn ymladd ceiliogod. Dyma'r arfer trwy'r wlad bryd hynny.

Roedd John, brawd Nansi, wedi ymuno â Christnogion a gâi eu galw'n Fethodistiaid. Cerddai draw i Ben-llys yn rheolaidd i wrando ar eu pregethwyr teithiol. Ond câi Nansi hwyl am ben ei brawd am gymryd ei grefydd ormod o ddifrif. Wrth weld nifer o bobl yn cerdded i'r Sasiwn yn y Bala un tro, gwaeddodd ar eu holau yn wawdlyd, 'Dacw'r pererinion yn mynd i Feca!'

Teithiai'r pregethwyr Methodistaidd o le i le yn pregethu. Eu neges oedd: mae gan Dduw hawl ar ein bywydau, felly dylai pob un droi ato am faddeuant. Câi llawer o bobl eu cythruddo wrth glywed hyn – gwell oedd ganddynt fwynhau eu hunain mewn ffordd ysgafn a difeddwl. Mewn ffair yn Llanfyllin yn 1795 cafodd Edward Watkin ei daro â charreg nes bod y gwaed yn llifo, a hynny am ei fod yn pregethu efengyl, neu newyddion da, Iesu Grist.

Ddydd Llun y Pasg 1796 aeth Nansi yn ôl ei harfer i Ffair Llanfyllin gan edrych ymlaen at y dawnsio. Pwy welodd yno ond merch a fu unwaith yn forwyn yn Nolwar Fach, ac roedd y ddwy yn falch o gwrdd â'i gilydd eto.

'Mae gen i awydd mynd i glywed rhyw bregethwr o Bwllheli,' meddai ei ffrind. 'Ddowch chi efo fi, Meistres?'

'Beth?' gofynnodd Nansi'n syn, 'wyt ti eisiau ymuno â'r hen bengryniaid yna, lodes?'

Tu allan i dafarn yng nghanol Llanfyllin safai tyrfa fechan o bobl.
Roedd llais y pregethwr i'w glywed yn uwch na sŵn y ffair.

Dyma hwyl, meddyliai Nansi, mi gaf ei ddynwared wrth fy ffrindiau!
Nesaodd, a gwrando. Ac wrth i Benjamin Jones Pwllheli bregethu
siaradodd Duw ei hun â Nansi Thomas, Dolwar Fach.

Nid aeth Nansi i ddawnsio y prynhawn hwnnw, na'r un prynhawn arall. Dechreuodd boeni, teimlai'n ddigalon, doedd ganddi bleser at ddim. Gwyddai fod rhywbeth o'i le rhyngddi a Duw. Ceisiai ddarllen y Beibl a'i ddeall, penderfynodd fyw yn 'dda' a mynd i'r eglwys *bob* Sul, yn lle *weithiau* – ond ni fedrai nesáu at Dduw. Roedd yr haf hwnnw'n un stormus iawn, ac felly y teimlai Nansi ynddi ei hun, hefyd.

Daeth bore'r Nadolig, a gwasanaeth y plygain yn eglwys Llanfihangel cyn toriad gwawr. Aeth ei brodyr, John ac Edward, am Bontrobert, lle roedd cyfarfod gan y Methodistiaid. Roedd Nansi eisiau mynd efo nhw. Ond y ffordd arall yr aeth hi, drwy'r tywyllwch ar ei phen ei hun, yn flin ac yn agos at ddagrau.

Ar ôl i'r canu carolau ddod i ben daeth y Person at Nansi yn wên o glust i glust a dechrau tynnu ei choes. 'Wel, Ann,' meddai gan gydio yn ei braich, 'ydi gwythiennau gwagedd wedi ymadael yn llwyr o'ch dwylo?' Dyma'i ffordd ef o'i phryfocio, ac aeth yn ei flaen i ddweud pethau braidd yn anweddus. Digiodd Nansi wrtho, a throdd ei chefn ar yr eglwys am byth.

Yn y flwyddyn newydd mentrodd Nansi i Bontrobert i glywed pregeth. Cafodd y geiriau a glywodd y fath effaith arni fel y methai gerdded adref bron. Roedd hi'n torri ei chalon. Gwyddai fod Duw yn berffaith, a'i bod hi ei hun yn llawn meddyliau a theimladau drwg. Gwyddai hefyd ei bod wedi byw ei bywyd i fwynhau ei hun a dim arall, gan wawdio John ei brawd am ymuno â'r Methodistiaid. Roedd ei byd i gyd yn dywyll a diobaith. A wnâi Duw fyth faddau iddi?

Yna, un diwrnod, daeth popeth yn olau iddi. Dyna ryddhad! Dyna orfoledd! Gwelodd fod Iesu Grist wedi marw yn ei lle hi, Nansi Thomas! Roedd wedi agor ffordd iddi ddod at Dduw. Gwyddai yn awr fod Duw wedi maddau iddi a'i bod yn blentyn iddo. Medrai ddiolch i Dduw ar weddi, ni fedrai beidio â'i ganmol a'i addoli. Cafodd ei llenwi â llawenydd a chariad mawr at yr Iesu, a llifodd teimlad o heddwch hyfryd a bywyd newydd i'w chalon.

Mor wahanol fu cerdded draw i'r Bont y tro hwn! Teimlai fel rhedeg, roedd ar dân eisiau rhannu ei newyddion da â'r saint, ei brodyr a'i chwiorydd yn yr Arglwydd. Daeth yn aelod o'r seiat, lle'r oedd John ac Edward, ei dau frawd, eisoes yn aelodau. A chyn diwedd 1797 daeth Siôn Ifan, eu tad, atynt. Fel yn Salm 23, roedd cwpan Nansi yn llawn.

Dim mwy o nosweithiau dawnsio a chwarae cardiau yn Nolwar Fach! Agorodd Nansi ei chartref i bregethwyr teithiol, a cherddai ei chymdogion draw ar brynhawn Sul i glywed yr efengyl yn cael ei phregethu. Daeth John Hughes Pontrobert yno i gynnal un o ysgolion cylchynol Thomas Charles. Medrai pobl yr ardal, o bob oed, ddod yno gyda'r nos yn y gaeaf i ddysgu darllen y Beibl.

Doedd dim amser i'w golli! Roedd Nansi eisiau gwybod mwy am Dduw,
yr Un a roddodd fywyd newydd iddi. Gweddïai arno yn ei stafell wely,
darllenai amdano bob cyfle a gâi. Gosodai ei Beibl o'i blaen wrth
nyddu, a llifai'r dagrau wrth i Air Duw gyrraedd ei chalon.
Dechreuodd lunio penillion am ei phrofiad fel Cristion, ac am yr
Arglwydd Iesu, Mab Duw. Deuai'r geiriau iddi tra byddai'n meddwl yn
ddwys amdano, y Duw sydd hefyd yn ddyn:

> O! f'enaid, gwêl addasrwydd y Person dwyfol hwn,
> Mentra arno'th fywyd a bwrw arno'th bwn;
> Mae'n ddyn i gydymdeimlo â'th holl wendidau i gyd,
> Mae'n Dduw i gario'r orsedd ar ddiafol, cnawd, a byd.

Daeth morwyn newydd i Ddolwar. Roedd Ruth hefyd wedi ei haileni, a
châi'r ddwy ferch ifanc lawer o sgyrsiau cynnes am eu Gwaredwr.
Wrth drin menyn ar ôl godro, dywedai Nansi, 'Cana hon i mi, Ruth!'
    Rhosyn Saron yw ei enw, gwyn a gwridog, teg o bryd;
    Ar ddeng mil y mae'n rhagori o wrthrychau penna'r byd:
    Ffrind pechadur, dyma ei beilat ar y môr.
Ac wrth i Ruth ganu, byddai'r geiriau'n aros yn ei chof.

Rhyw ugain milltir o Ddolwar mae'r Bala, lle'r oedd Thomas Charles, arweinydd y Methodistiaid, yn cynnal gwasanaethau. Byddai Nansi a'i ffrindiau o'r Bont yn croesi mynydd y Berwyn, ar droed neu ar gefn ceffyl. Tawel iawn fyddai Nansi ar y daith yno, a'i meddwl ar yr Iesu a chymaint yr oedd arni angen ei help ar daith bywyd.

Er mai cwbwl groes i natur
Yw fy llwybyr yn y byd;
Ei deithio a wnaf, a hynny'n dawel,
Yng ngwerthfawr wedd dy wyneb-pryd.

Byddai Thomas Charles yn gweinyddu'r cymun yn y Bala, a Nansi fel pawb arall yn aros ei thro i'w dderbyn. Mae Cristnogion yn bwyta bara ac yn yfed gwin er mwyn cofio am yr Arglwydd Iesu Grist, Mab Duw, yn marw ar y groes. Dim ond wrth iddo Ef gymryd y gosb yn eu lle, a marw, y gallai Duw faddau i'w bobl am eu drygioni a'u gwrthryfel yn ei erbyn.

Rhoi Awdwr bywyd i farwolaeth
A chladdu'r Atgyfodiad mawr;
Dwyn i mewn dragwyddol heddwch
Rhwng nef y nef a daear lawr.

Bu nifer o ddiwygiadau yng Nghymru yn yr amser yma, pan ddeuai'r Ysbryd Glân i lawr yn rymus i blith pobl Dduw. Gwnâi hyn iddynt fod eisiau clywed rhagor am Dduw a llanwent y capeli i wrando ar bregethwyr fel John Elias. Roedd yn rhaid iddo sefyll ar astell yn y ffenest er mwyn i bawb ei glywed – y tu mewn a'r tu allan! Ar y ffordd adref byddai Nansi yn adrodd ei bregeth air am air wrth ei ffrindiau.

Merched digon tlawd oedd llawer o aelodau'r seiat, ond roeddent fel chwiorydd i Nansi. Un tro, tra oeddent yn y capel newydd ym Mhontrobert, bu'n pluo eira, ond ni wnaeth hynny ddim i oeri eu teimladau cynnes o fod ynglŷn â phethau Duw. Aethant adref dan ganu a gweddïo a gorfoleddu, heb deimlo dim o'r oerfel.

Ond tro Nansi i gael ei gwawdio oedd hi yn awr. Un noson daeth criw o fechgyn ar eu hôl i'w cam-drin. Gafaelodd Nansi yn llaw yr agosaf ohonynt a dweud yn glir, 'Gwna yn llawen, ŵr ieuanc, yn dy ieuenctid, ond gwybydd y geilw Duw di i'r farn am hyn oll,' sef adnod o'r Beibl. Trodd y bechgyn ar eu sawdl a ffoi, eu gwawd wedi troi'n ddychryn.

Addurna'm henaid ar dy ddelw, gwna fi'n ddychryn yn dy law,
I uffern, llygredd, annuwioldeb, wrth edrych arnaf i gael braw.

Roedd Nansi a'i meddwl ar yr Iesu bron trwy'r dydd. Felly y deuai geiriau'r emynau iddi. O'i gweld yn synfyfyrio yn y gegin gefn ryw fore galwodd ei thad ar Ruth:

'Dacw ti, Ruth, mi aiff Nansi'n wirion, yn wir!'

'O,' atebodd Ruth, oedd yn deall ei meistres i'r dim, 'gadewch lonydd i Meistres, mae'n iawn.'

Ar hynny gofynnodd Nansi i Ruth, 'Ar ba dôn aiff y geiriau yma, dywed?'

Mae bod yn fyw o fawr ryfeddod
O fewn ffwrneisiau sydd mor boeth,
Ond mwy rhyfedd, wedi 'mhrofi,
Y dof i'r canol fel aur coeth.

Er ei mwyn ei hun y lluniai Nansi ei hemynau, gan eu bod yn help iddi roi trefn ar ei meddyliau. Roedd yn swil o'u dangos i neb, ac ar ôl taro ambell bennill ar bapur byddai'n eu cuddio'n frysiog dan glustog pan ddeuai rhywun i'r drws. Rhywun fel Thomas Griffiths o Feifod, efallai, a oedd yn hoff iawn o Nansi, a Nansi ohono yntau. Ond roedd Ruth yn graff – deuai o hyd i'r papur, a dysgu'r geiriau ar ei chof.

Diolch byth, a chanmil diolch, diolch tra bo ynwy' i chwyth,
Am fod gwrthrych i'w addoli a thestun cân i bara byth.

Priododd Thomas a Nansi, ac ymgartrefu yn Nolwar Fach. Roedd y
ddau ar ben eu digon, a chyn hir roedd baban bach ar y ffordd.
Rhoddai'r ddau groeso i bregethwyr yr efengyl ar eu haelwyd, a deuai
cymdogion yno fel cynt i wrando ar Air Duw. Ond ni fyddai Thomas a
Nansi yn byw yn hir yn Nolwar Fach; roedd Duw wedi paratoi cartref
gwell ar eu cyfer yn y nefoedd.

Os rhaid wynebu'r afon donnog, mae Un i dorri grym y dŵr,
Iesu, f'Archoffeiriad ffyddlon, a chanddo sicir afael siŵr.

Daeth yn 'afon donnog' ar Nansi a'i gŵr ddiwedd haf 1805. Ganed Elizabeth iddynt ym mis Gorffennaf ond bu farw yn bythefnos oed. Yna, ddechrau Awst, bu farw Nansi hefyd, ac fe'i claddwyd ym mynwent Llanfihangel. Collodd Thomas ei unig blentyn a'i wraig annwyl o fewn pythefnos i'w gilydd. Ond gwyddai fod y ddwy yn ddiogel yr ochr draw i'r bedd, a bod yr hyn y canai Nansi amdano yn ei hemynau bellach yn wir iddi:

Yn lle cario corff o lygredd, cyd-dreiddio â'r côr yn danllyd fry
I ddiderfyn ryfeddodau iechydwriaeth Calfari;
Byw i weld yr Anweledig, fu farw ac sy'n awr yn fyw;
Tragwyddol anwahanol undeb a chymundeb â fy Nuw.

Mae emynau Nansi, neu Ann Griffiths i roi iddi ei henw priod, ymhlith goreuon yr iaith Gymraeg, ac maent yn ein llyfrau emynau hyd heddiw, ochr yn ochr â rhai William Williams, Morgan Rhys a David Charles. A thra pery'r iaith Gymraeg, bydd ei hemynau'n para i gyfoethogi bywyd ysbrydol Cristnogion Cymru.

Yn Nhrefn Amser –

1767 ~ John Evan Thomas (Siôn Ifan) Dolwar Fach yn priodi Jane Theodore, 10 Chwefror

1776 ~ Geni Ann, a elwid yn Nansi gan ei theulu, yn 4ydd o 5 o blant. Ei bedyddio 21 Ebrill

1785 ~ Thomas Charles yn cynnal ei ysgolion cylchynol cyntaf

1789 ~ Y Chwyldro Ffrengig yn dechrau

1791 ~ William Williams Pantycelyn yn marw

1793 ~ Y rhyfel rhwng Prydain a Ffrainc yn dechrau – aeth ymlaen bron yn ddi-dor tan 1815

1794 ~ Jane, mam Nansi, yn marw

1795 ~ Ymosod ar Edward Watkin tra oedd yn pregethu yn Llanfyllin
~ Siôn Ifan yn cael ei ethol yn warden eglwys Llanfihangel-yng-Ngwynfa
~ Diwygiad ymhlith y Methodistiaid ym Mhontrobert

1796 ~ Nansi'n mynd i ffair Llanfyllin a chlywed Benjamin Jones Pwllheli yn pregethu
~ Nansi'n cerdded i blygain Llanfihangel ar ei phen ei hun ar fore'r Nadolig

1797 ~ Nansi'n dechrau mynd i Bontrobert i wrando pregethau, a dod dan argyhoeddiad dwfn o bechod
~ Nansi'n cael tröedigaeth (troi at Dduw mewn edifeirwch) ac yna'n cael ei derbyn yn aelod o seiat y Methodistiaid ym Mhontrobert

1798 ~ Siôn Ifan yn ymuno â'r seiat ym Mhontrobert

1801 ~ Ruth Evans yn dod yn forwyn i Ddolwar Fach
~ Thomas Griffiths o'r Cefn-du yn ymuno â'r seiat ym Mhontrobert

1802 ~ Nansi'n dechrau cyfansoddi emynau

1804 ~ Siôn Ifan yn marw yn 67 oed; ei gladdu 23 Chwefror
~ Nansi yn priodi Thomas Griffiths, 10 Hydref

1805 ~ Ruth yn priodi John Hughes, 7 Mai, Thomas a Nansi yn dystion i'r briodas
~ Geni Elizabeth, merch fach i Nansi a Thomas, 13 Gorffennaf. Bu farw'n bythefnos oed a'i chladdu ar ddydd ola'r mis
~ Nansi ei hun yn marw, yn 29 oed. Daeth llawer iawn o bobl i Ddolwar ddydd ei hangladd ar 12 Awst lle y pregethodd Thomas Owen. Cafodd ei chladdu ym mynwent Llanfihangel. Traddododd John Hughes bregeth angladdol iddi y Sul canlynol ym Mhontrobert ar y geiriau 'Byw i mi yw Crist, a marw sydd elw' (Philipiaid 1:21)

1806 ~ Thomas Charles yn cyhoeddi emynau Ann Griffiths mewn llyfr. Roedd Ruth wedi adrodd llawer o'r emynau wrth ei gŵr, John Hughes

1847 ~ Cyhoeddi cofiant John Hughes i Ann Griffiths

1864 ~ Awst 12, codi cofeb ar ei bedd, 'ER COF AM ANN GRIFFITHS, O DDOLWAR FECHAN'

A Wyddech Chi?

- Pan oedd Nansi'n byw yn Nolwar Fach roedd y teulu'n cadw gwartheg godro ar gyfer llaeth, a byddai'r gwragedd yn corddi'r hufen i wneud menyn. Roeddent hefyd yn gallu gwneud eu caws eu hunain, a chwrw. Roedd yno gychod gwenyn ar gyfer mêl, ieir a hwyaid i ddodwy wyau, ac ni fyddai prinder cig. Tyfent datws a phys, a haidd a cheirch yn y caeau. Ychydig iawn o fwyd yr oedd angen ei brynu.

- Roedd y teulu wedi dechrau yfed te – un peth yr oedd yn rhaid ei brynu! Mae'n rhaid hefyd eu bod yn prynu siwgwr.

- Byddai Nansi a'i theulu yn paratoi bwyd fel menyn ac wyau i'w gwerthu yn y farchnad, tra bod ei thad a'i brodyr yn magu anifeiliaid i'w gwerthu i ffermwyr eraill.

- Ar ôl cneifio'r defaid – dros 80 ohonynt – yn yr haf, câi'r gwlân ei lanhau a'i gribo ac yna, pan fyddai amser, byddai Nansi a'r merched eraill yn ei nyddu'n edau ar y droell fawr. Wedyn byddai ei thad neu ei brodyr yn ei wehyddu'n frethyn ar y gwŷdd a'i anfon ar gefn ceffyl i'w werthu yn y farchnad.

- Roedd siopau bychain yma ac acw – cadwai Jane, chwaer fawr Nansi, siop yn Llanfyllin.

- Enwau gwartheg godro Dolwar Fach oedd Breithen, Brochen, Pincen, Starren, Pennant, Cocos a Mwynwen. Roedd yno wartheg eraill hefyd.

- Enwau tri o geffylau Dolwar Fach oedd Smiler, Dragon a Blaze. Roedd hi'n arferol rhoi enwau Cymraeg ar fuchod ac enwau Saesneg ar geffylau.

- Roedd Nansi wedi arfer ar gefn ceffyl a hynny ar gyfrwy merch – gwyddom ei bod yn marchogaeth i'r Bala ac yn ôl i wrando pregeth.

- 'Lodes' yw gair Sir Drefaldwyn am ferch ifanc.

- Nid o'r tap y deuai'r dŵr yfed ond o'r ffynnon, ac er mwyn paratoi pryd o fwyd rhaid oedd cynnau tân bob bore, berwi'r dŵr mewn crochan, a choginio'r bwyd i gyd uwchben y tân. Mewn popty neu ffwrn yn y wal ger y tân y câi'r bara ei grasu.

- Llawr pridd caled fyddai i lawer o'r tai. Tŷ unllawr, to gwellt oedd Dolwar Fach.

- Byddai angen cyflogi morwyn er mwyn cael help gyda'r holl waith. Dyma sut y daeth Ruth i Ddolwar yn 1801. Medrai Ruth ddarllen, ond ni allai sgrifennu.

- Er eu bod mor agos at y ffin â Lloegr, Cymraeg oedd iaith y gymuned. Am ei bod wedi cael ychydig o ysgol roedd gan Nansi rywfaint o Saesneg.

- Byddai'r baledwr i'w glywed yn y ffair, yn canu baled – cân boblogaidd yn adrodd stori. Yna byddai'n gwerthu ei faledi wedi eu hargraffu ar ddarn o bapur.

- Am gyfnod bu'r anterliwt, math o ddrama fywiog, yn boblogaidd iawn mewn ffeiriau. Y gorau am sgrifennu anterliwt oedd Twm o'r Nant, fu'n byw gerllaw Dolwar Fach tua 1779.

- Roedd telynorion Cymru'n enwog am eu dawn ar y delyn, a chrwydrent o ffair i ffair i ganu'r alawon cyflym yr arferai Nansi a'i ffrindiau ddawnsio iddynt. Ar yr ysgwydd chwith y dalient y delyn.

- Er mai pobl gyffredin oedd teulu Dolwar Fach nid oeddent yn dlawd. Roeddent yn arweinwyr y gymdeithas a dangosai pobol yr ardal barch tuag atynt.

- Gallai Nansi wisgo dillad wedi eu gwneud yn dda, a hyd yn oed ddilyn y ffasiwn.

- Deuai teiliwr o gwmpas y wlad gan aros mewn tŷ i wnïo dillad i bawb cyn symud ymlaen i dŷ arall, a'r un modd deuai crydd heibio i drwsio esgidiau.

- Yn 1800 cerddodd Mari Jones 20 milltir i'r Bala i brynu Beibl gan Thomas Charles – yn droednoeth. Dyma beth a wnâi pobl dlawd, er mwyn arbed treulio eu hesgidiau. Byddent yn eu gwisgo ar ôl cyrraedd.

- Yr Eglwys Anglicanaidd, neu Eglwys Loegr, oedd crefydd swyddogol Lloegr a Chymru. Roedd pawb yn aelod o ryw eglwys blwyf. Ym mhlwyf Llanfihangel-yng-Ngwynfa yr oedd Dolwar Fach, felly yn yr eglwys honno yr oedd y teulu'n aelodau.

- Yn amser Nansi ychydig iawn o gapeli oedd wedi eu codi.

- 'Pengryniaid' (fel y Saesneg 'Roundheads' o gyfnod Oliver Cromwell) oedd yr enw gwawdlyd a roddid ar y Methodistiaid.

- Trefnai'r Methodistiaid seiadau ar gyfer eu haelodau lle deuai pobl i rannu eu profiadau fel Cristnogion ac i annog ei gilydd ymlaen yn eu bywyd ysbrydol.

- Erbyn canol y 19 ganrif roedd emynau Nansi, sef Ann Griffiths fel y gwyddai pawb amdani, yn cael eu canu drwy Gymru.

Ⓗ y testun gwreiddiol a'r lluniau:
Ann Gruffydd Rhys, 2005

Argraffiad cyntaf: 2005

Cyflwynir y llyfr hwn
i Lewys ac i Emrys

ISBN 185049 212 3

Cedwir pob hawl. Ni ellir atgynhyrchu unrhyw ran o'r cyhoeddiad hwn
na'i gadw mewn cyfundrefn adferadwy na'i drosglwyddo mewn unrhyw
ddull na thrwy unrhyw gyfrwng electronig, mecanyddol, llungopïo,
recordio, nac fel arall, heb ganiatâd ymlaen llaw gan Wasg Bryntirion.

Cyhoeddwyd gan Wasg Bryntirion
Bryntirion, Pen-y-bont ar Ogwr CF31 4DX

Argraffwyd yng Nghymru gan Wasg Dinefwr, Heol Rawlings
Llandybie, Sir Gaerfyrddin SA18 3YD